X

19675

MÉTHODE
DE LECTURE

A L'USAGE

DES INSTITUTEURS ET DES ÉCOLES

DE LA

SOCIÉTÉ DE MARIE.

NOUVELLE ÉDITION

J. M. J.

LONS-LE-SAUNIER,

Chez Mmes Gauthier sœurs et Cie, libraires-éditeurs.

1865

Tout exemplaire non revêtu du cachet de la Société de Marie et de la signature ci-dessous, sera réputé contrefait, et tout contrefacteur ou débitant de contrefaçons sera poursuivi selon la rigueur de la loi.

Lons-le-Saunier, imp. de Gauthier frères.

AVIS PRÉALABLES (*).

1° Appellation des consonnes.

Dans ces derniers temps, il a été admis, par presque tous les maîtres, que les consonnes se prononcent, pour la facilité de l'épellation, comme si elles étaient accompagnées d'un e muet.

Ainsi l'on fait dire : be, ce, de, fe, ge, he, ke, le, me, ne, pe, que, re, se, te, ve, xe, ze.

C ne se prononce pas comme *s* mais comme *k* (comme *cue* dans *cueillir*) parce que cette consonne, dérivée du kappa grec, est essentiellement dure et gutturale, et qu'elle ne devient douce et sifflante que par position.

Il en est de même du G (gamma grec), qui est essentiellement guttural, et se prononce *gue*, comme dans *dogue*. Il ne devient doux et sifflant que par position, devant *i* et *e*.

H n'est pas, à proprement parler, une consonne. Cette lettre ne fait qu'indiquer une aspiration plus ou moins forte, et n'était primitivement qu'un accent.

X et Z sont des lettres doubles, dans lesquelles on doit retrouver *cs*, *gs* ou *ds*.

Quatre consonnes manquent dans notre langue, comparativement à d'autres. Ce sont les aspirées labiale, gutturale, dentale et liquide ; elles sont représentées par l'addition de *h* aux *dures* de chacun de ces ordres.

CH — qui doit se prononcer *kh*, mais s'adoucit devant *i* et *e* ;

PH — qui se prononce *f*.

TH — qui se prononce comme deux T et qui est sifflant en anglais.

RH — qui se prononce comme deux R.

(*) Nous ne reproduirons pas dans cette édition les principes de lecture qui sont en tête de l'édition précédente. Il suffisait de les avoir exposés une fois pour les rappeler aux maîtres.

Quelques grammairiens ont appelé ces quatre signes des *consonnes doubles*.

L'appellation des consonnes à l'aide d'un *e* muet est particulièrement applicable aux articulations des consonnes entr'elles. Quand deux consonnes se suivent, dans la même syllabe (ce qui n'a lieu que lorsque la seconde est une liquide ou la première une sifflante), la première consonne ne se prononce aisément qu'en la supposant suivie d'un *e* muet.

```
pra  —  pe ra        sti  —  se ti
pro  —  pe ro        spa  —  se pa
cla  —  ke la        scr  —  se ke re
bli  —  be li
```

On tourmenterait inutilement les enfants, d'une manière ridicule et pernicieuse, en s'évertuant à leur faire prononcer seulement par un mouvement des lèvres la première consonne. Ils n'y gagneraient que beaucoup de dureté dans la prononciation et un entraînement presque irrésistible à prononcer *b* comme *p*. En leur donnant au contraire la facilité de prononcer *be pe — bero pera* — il y aura bien d'abord un peu de *lourdeur* dans leur prononciation, mais très-promptement, avec l'habitude et la facilité, l'*e* muet disparaîtra complètement et la prononciation deviendra aussi légère qu'elle doit l'être dans toutes les bouches françaises.

Notez enfin que dans la conversation, dans le langage technique des sciences mathématiques et physiques, où l'on fait un si fréquent usage de X et de Y, les consonnes ont conservé leurs anciennes appellations : *bé.... cé.... hache.... emme.... ixe*, etc.

2° Manière de faire dire les leçons aux tableaux.

Quand les élèves vont au tableau, on ne leur fait pas lire entièrement et de suite chaque leçon, mais d'abord une première ligne de principes. Quand cette première ligne sera à peu près sue, c'est-à-dire quand l'élève la lira sans l'initiative du maître ou du moniteur, on passera à la seconde ; puis avant d'aller plus loin, on reviendra sur la première. On ne passera aux exercices d'application que lorsque les principes seront facilement enlevés.

Dans la lecture des exercices d'application, si la difficulté sur laquelle un élève hésite se rapporte à un principe du tableau précédent, le maître lèvera immédiatement la difficulté en lisant lui-même le mot ou la syllabe et faisant répéter plusieurs fois et à plusieurs reprises aux élèves.

Au reste, on sait que les élèves sont partagés en sections, chacune desquelles est dirigée par un moniteur et placée, par le maître, en demi-cercle, devant un tableau. Le maître n'est chargé personnellement d'aucune section, mais il a l'œil à toutes, comme l'explique la méthode.

Toutes les sections lisent au même moment, mais à voix modérée ; et dans chacune, chacun à son tour.

3° Décomposition des mots en syllabes.

Les grammairiens ne sont pas tous d'accord sur la décomposition des mots en syllabes ; voici les principes que nous adoptons :

1. Il y a autant de syllabes dans un mot que de voyelles qu'on y fait entendre distinctement.

2. Les articulations des labiales, dentales et gutturales, avec les liquides *r* et *l* (br. pr. vr. fr. dr. tr. cr. gr. bl. fl. gl. cl.), sont indécomposables ; — on dit *a bri, cé na cle, en i vrer*, etc.

Mais les articulations de ces mêmes lettres avec *s*, ne sont inséparables qu'au commencement des mots ; on dit *scru pu le, sty le, psau me*, etc.; mais on doit dire *res pec ter, ins crip tion, as pi rer, ab sen ce, cons tan ce*, etc., nonobstant les étymologies qui indiqueraient *re spec ter, in scrip ti on, a spi rer*.

3. Les lettres semblables appartiennent à des syllabes différentes, *com me, bon ne vil le*.

4. La voyelle double *y*, quand elle tient lieu de deux *i*, se joint à la voyelle précédente, *ay ant, é gay er* ; excepté dans les monosyllabes, *pays*.

5. La voyelle double *x*, se sépare de la voyelle qui précède, *a xe, o xi de* ; excepté quand c'est un *e*, *ex er ci ce, ex em ple, ex é cré*.

4° Ordre de succession des Tableaux.

Premier tableau.

Alphabet. — Appellation des lettres selon leur valeur absolue.

Deuxième tableau.

Consonnes assemblées avec des voyelles.

Troisième tableau.

Voyelles assemblées avec des consonnes.
Voyelles doubles, — diphtongues, — successives, — nasales.

Quatrième tableau.

Voyelles entre deux consonnes.
Adoucissement des gutturales *c* et *g* et de *t*.

Cinquième tableau.

Consonnes assemblées avec des consonnes.

Sixième tableau.

Fonctions de *h*.

Septième tableau.

L et G mouillés et non mouillés.

Huitième tableau.

Equivalences et anomalies.

En tête de chaque tableau, les principes essentiels des tableaux précédents sont résumés.

Chaque tableau est suivi d'une page d'exercices sur les principes qui y sont exposés (1).

Les exercices seront terminés par quelques pages de lecture courante.

Le résultat qu'on a voulu obtenir en suivant cet ordre, c'est la certitude d'avoir fait passer sous les yeux des en-

---

(1) On a ajouté à cette édition deux tableaux d'exercices, l'un entre le 2e et le 3e ; l'autre, entre le 3e et le 4e pour insister au besoin sur des principes difficiles. — Les enfants intelligents et diligents passeront rapidement sur ces exercices supplémentaires.

fants, et confié à leur mémoire, toutes les combinaisons de lettres usitées dans notre langue.

Ces combinaisons ne sont pas en aussi grand nombre qu'on pourrait le croire, car toutes les consonnes ne s'articulent pas avec toutes les consonnes.

Tous les cas qu'on rencontre dans la lecture, se réduisent à des groupes de deux, trois, quatre lettres au plus.

Deux lettres ne permettent que trois sortes de combinaisons.

Une consonne et une voyelle ;
Une voyelle et une consonne ;
Deux voyelles.

Trois lettres formeront trois sortes de combinaisons.

Une consonne et deux voyelles ;
Deux voyelles et une consonne ;
Deux consonnes et une voyelle ;

Les combinaisons de lettres quatre à quatre peuvent toujours se décomposer et être ramenées aux combinaisons par deux ou par trois, plus une lettre.

En sorte que lorsqu'on aura pris connaissance de tous les cas de ces six modes de combinaisons, on possédera tous les éléments généraux de la lecture.

Il ne restera que des anomalies ou exceptions, lesquelles sont toujours en nombre limité ou se rattachent à des règles spéciales.

On arrivera donc sûrement à son but en suivant une marche ainsi ordonnée. Autrement on n'y arriverait que par hasard et à la longue, comme on apprend les langues, si on ne les apprend que par l'usage.

PREMIÈRE LEÇON.

(Sons ou voyelles.)

e a i y o u   i e o a y u

(Consonnes.)

b c d f g h j k l m   n p q r s t v x z

(Formes comparées.)

i j — f t — c e — c o   n m — r i — l t
d b — q p — d q — b p   s g — v y — k z

(Articulations et sons comparés.)

d t — b p — i y — v f   s x z — c k q g

(Ordre alphabétique.)

a b c d e f g h i j k l   m n o p q r s t u v x y z

1 2 3 4 5   **6 7 8 9 0**

DEUXIÈME LEÇON.

Voyelles simples.

a â e é è ê i î y o ô   u û ê è é e y î i.

Voyelles classées.

Consonnes

b p v f – g c k q j –   d t z s – l m n r – h – x

consonne et voyelle.

Syllabes de deux lettres,

Labiales.

ba	pa	va	fa
be	pe	ve	fe
bi	pi	vi	fi
bo	po	vo	fo
bu	pu	vu	fu

Gutturales.

ga	ka	ca	ja
	ke		je
	ki		ji
go	ko	co	jo
gu	ku	cu	ju

Dentales.

da	ta	sa	za
de	te	se	ze
di	ti	si	zi
do	to	so	zo
du	tu	su	zu

Liquides.

la	ma	na	ra
le	me	ne	re
li	mi	ni	ri
lo	mo	no	ro
lu	mu	nu	ru

Aspirée.

ha he hi ho hu.

y pour i.

by py ty ry sy.

Double.

xa xe xi xo xu.

Voyelle élidée. [*]

L'a l'o d'i d'u.

Accentuées.

bé pé vé dé té lé mé né.
bè pè vè dè tè lè mè nè.
bê pê vê dê tê lê mê nê.

bâ pâ tâ lâ mâ râ l'â.
bô pô vô cô nô rô d'é.
bû pû tû gî fî tî l'é.

L'élève lira chaque ligne de chaque tableau : 1° verticalement ; 2° horizontalement ; 3° (les cinq 1res) diagonalement ; 4° çà et là.

[*] Il suffira d'avertir que le petit signe ' ne change rien et que *l'a* se lit *la*.

I.

âme, to me, da me, ki lo, bo bo, a mi, bu re, a xe, ja le, zé ro, to re, zo ne, ju pe, bo ni, na ture, dé vo te, fi gu re, fa ri ne, fo ru re, cô te, la xa ti ve, co lo ri é, ré fu té, re da té, li bé ra le, no mina ti ve, mi no ri té.

III.

u ne ca ba ne so li de, u ne cara fe vi de, la ga ze fi ne, la pué ri li té, la pa ro le, la ma xi me so li de, la lu ne pâ le, la ra me du pi lo te, le lu xe é ta lé, la mo de ri di cu le, le dé li re si mulé, le zè le mo dé ré, l'é lè ve po li, u ne ly re so no re, u ne ro be de bu ra ti ne, la so li di té du pa vé, la co lè re de la vi pè re, la figu re sé vè re, la pi é té fi li a le, le mo dè le é ga ré, le fo li o nu méro té, la pe ti te pe lo te, le si te de ma so li tu de, u ne é co le.

II.

la va ni té, le do mi no, la bé a-
ti tu de, l'é ga li té, la ra tu re, la
fi dé li té, la su a vi té, la sa lu re, de
l'o xy de, la fu ti li té, la jo vi a li té,
la fa mi li a ri té, le ja co bi te, la
ju di ca tu re, la po pu la ri té, le
po ly go ne, le sé ne vé, de l'a zo te.

IV.

a do re la di vi ni té, mé di te la
mo ra le di vi ne, ga re à la do-
ru re, la mu le fe ra u ne ga lo pa-
de, ma mè re a é té ma la de, ta
pe ti te ca ma ra de a te nu ma ta-
ba ti è re, le lé gu me a mû ri, ma
mè re a bu de la li mo na de, la
ro tu le se lu xe ra, je ju re de
di re la vé ri té, je ra me la ga lè re,
ma mè re m'a é ga ré ma ca po te,
je fi xe la da te, la ma jo ri té du
ju ry a vo té, l'é co no me a re vu la
no te, le pè re dé na tu ré a dé jà
é té pu ni de sa du re té.

TROISIÈME LEÇON.

Voyelles a e i o u — e é è ê — u o i e a y.

Consonnes classées b p v f — g c k q j   d t s z — l m n r — h — x.

Syllabes de deux lettres.

Labiales.

ab	ap	av	af
eb*	ep	ev	ef
ib	ip	iv	if
ob	op	ov	of
ub	up	uv	uf

Gutturales.

ag	ak	ac	aj
eg	ek	ec	ej
ig	ik	ic	ij
og	ok	oc	oj
ug	uk	uc	uj

Voir ici le tableau supplémentaire de la 3me leçon.

Voyelle et consonne.

Dentales.

ad	at	as	az
ed	et	es	ez
id	it	is	iz
od	ot	os	oz
ud	ut	us	uz

Liquides.

al	am"	an"'	ar
el	em	en	er
il	im	in	ir
ol	om	on	or
ul	um	un	ur

Voyelles doubles.

ai	ai	ei	au	eau	eu	eu	ou
é	è	é	o	ô		u	

Diphtongues et voyelles successives.

oi	ou i	ui	ié	ia	aï	oï	uë
ou a							

(*) Portez la baguette sur *ai*, sans rien dire, abaissez et ainsi de suite. — Après quoi on fera lire la première ligne seulement et de suite. — On suivra le même procédé pour tous les cadres à deux lignes. aussitôt sur é : l'enfant dira é ; relevez et faites répéter é

a b c d e f g h i j k l m n o p q r s t u v x y z.
a b c d e f g h i j k l m n o p q r s t u v x y z.
A B C D E F G H I J K L M N O P Q R S T U V X Y Z.

* Tous ces e se prononcent é.

" m sonnant comme dans *ammon, emmanuel.*
"' n, comme dans *année,— ennemi,— innocent,— honneur, — tunnel*

TABLEAU SUPPLÉMENTAIRE

Nota. — *On pourra passer à ce tableau avant de faire lire dans le troisième le cadre des voyelles doubles.*

a b c d e f g h i j k l m n o p q r s t u v x y z

**bc bé ti tu fa de dé te té mi ré su le go lé ri mo ni pa la pi
tu si no ra rê né ab ap ac af ag ad at as al am an ar**

ab bé — ap ti tu de — af fa di — ag de
al lé go ri e — am mo ni te — si am
ac co la de — ap pa ru — as pi ré

ac te — ad mi ré — at ti ré — as su ré
an no té — an né e — ar rê té —

fi mc mu mé ca ta fè ra fé ep ef ec cd et es ez el cm cn er ex

fi ef — in ep te — ef fa ré — or be
mi et te — su ez — es ca pa de —
ac tu el — Em ma nu el — du el —
ex pi é — I ri ex.

ca fé — ed me — mu et — lu et te —
es ta fet te — el le — mi el — no el —
en né a de — en ne mi — er ra ta —

**ib ip if ig ic it is il im in ir ur us po ga di op ob og oc
ot os om or sé oi**

or bi te — ob sé dé — ib id — ip po
is ma el — il lé ga le — in né —
ra di us — ur su li ne — ob vi é —
— os su — os ti e — om mi a de —
— or du re — om ni bus.

na ... ig né — ic tè re — ob it —
am mo bi li té — ir ri té — ur ne —
ap té ... oj — ot to ma ne — i di ot
os te ... to mi e — es pi on — li on ne

(Revenir aux voyelles doubles (3ᵉ leçon),

l'application suit le Tableau nº 3.)

I.

Ob te nu, ab so lu, fu ti li té, il lu-mi né, ab ju ré, al cô ve, é go ïs me, le mé di us, u ne il lé ga li té, im-mé mo ri al, oc to go ne, im mo bi-li té, ap ti tu de, ur ba ni té, mi as-me, la loi, la laine.

III.

L'a ra be no ma de a fui, la mu le a ga lo pé, le na vi re as su ré a pé ri. A li ne sa li ra sa ro be de ga ze. Le ca ma ra de de Jé rô me a a va lé u ne pi lu le, l'ur ne do-ré e a é té vo lé e, un é co li er ai me l'é tu de, il va à l'é co le, l'é pi se fe ra beau, ad mi re et mé di te la mo ra le di vi ne. Il va vite.

V.

J'ai vu le mai re. Le roi se ra sa lu é. La loi a é té ob te nu e. Re ti re-toi de la co hu e.

II.

Sui te, ar mu re, fi gu re, oc ta ve, la foi, le roi, sou pi re, o de, é lam, pei ne, li eu, ai re, Di eu, soir, fai re, ig né, ou is ti ti, bê te, bâ le, pi é ti ne, ba teau, ri me, mô le, cou teau, sau té, rou leau.

IV.

Il a bâ ti u ne ca ba ne à cô té de la ri vi è re. Il ba di ne. É loi é tu di e. La beau té de la na tu re ré vè le la di vi ni té. Il a dî né à Ro me. La pe ti te li no te se ra ai mé e du jo li Ma ri o. Le cu ré bé ni ra le na vi re. La re li u re du vo lu me m'a pa ru so li de. La nu e t'a dé ro bé la lu miè re de la lu ne.

VI.

Il bé ni ra ton pè re. — La pe ti te pa re sa pou pée. — Le râ le a é té tu é. — Le voi là ha ï, l'é go ïs te.

QUATRIÈME LEÇON.

A B C D E F G H I J K L M N O P Q R S T U V X Y Z
a b c d e f g h i j k l m n o p q r s t u v x y z

Syllabes de trois lettres.

Lisez : 1° Verticalement ; 2° horizontalement.

ba c	n ir	su b	m or	pi f	r oc
du c	v ic	ca s	c or	mi x	f ac
su d	s oc	co l	n is	fo r	t al
ca l	s ac	ju s	t if	pa r	t ir
r al	b as	po r	c ar	ca p	l is
su s	p ur	z ar	m ur	ga r	b us

Voyelles nasales con-servant leur son propre.

on   oin   an   ain   ien*   ein   l'on   l oin   l'an   r ien   p ain   s ein

* Comme dans *bien.*

Voyelles nasales per-dant leur son propre.

amb*	amp	imp	imb	emp	emb	omb	umb	in	enf
an b	anp	ainp	aim b	anp	an b	on b	eum b	ai n	an f

(*) Voyez la note de la leçon précédente.

Voyelles entre deux consonnes.

m ir	mud	luc	mar	tyr	mys
g az	mal	tuf	dog	mul	vol
g as	tic	sur	mat	nis	fit
b is	ter	zar	val	tol	xac
p es	rup	lif	hal	syr	sal
b ot	rot	lor	lud	mer	sel

— *u toujours muet après* q —

qu a   qu e   qu i   qu o   qu oi

— g, c, *toujours durs après* u *muet.*

gu e   gu i   cu e

TABLEAU SUPPLÉMENTAIRE DE LA TROISIÈME ET DE LA QUATRIÈME LEÇON.

(A voir avant les exercices d'application du 4e Tableau.)

Diphtongues et Voyelles doubles.

oi oè oie oui ié ia ieu ua ue ui **ai ei au cau eu ou œ œu**

é moi — toi le — moel le — poè te — oui ou non — pi tié — fa mi lia
ri té — lui — é tui — per sua dé — joie — soie — voie — nou veau — a
dieu — tue rie — ai de — j'ai mai — é pau le — il a vou lu — dou leur
— cour — vœu — œuf — b œuf.

Voyelles successives.

i é — i a — i o — i e — é e — u a — **o a — a ï — u ë — ou ï — u e — u i**

di è te — é pi é — li on — mi as me — vi o lon — ma ri e — pi é té — ai mé e
sa lu é e — re mu é e — ou ïr — rou — am bi gu ë — ru e — vu e — al lu
mé e — ha ï é — hai e — su i e.

Voyelles nazales.

on oin an ain **ien ein eun**

re coin — soin — mon — l'on — poin t — an dan te — an go ra — me lon —
ca ri e — le vain — rien — bien — vau rien — sien — mien — tien — rein
sein — pain — main — des sein — à jeûn — on de.

Voyelles nazales avec changement de valeur.

am im em **om un in en**
   an   *ain*   *an*   *on*   *eun*   *ain*   *an*

am pou le; *im* por té; *em* pâ té; *om* b lic; au *cun*; l'*un*; *en* fin; *en* fer; f*en* te
qua que qui quo quoi que **qu'un quin gua gue gui**
qua li té - ta qui ne ri e - quo li be - quoi que - pour quoi - co quin -
qu'el le - per ru que - gui de - gui t re - guer re - g ain - gu in dé - gu im
bar de - gui né e - lé gu a - gué ri te quê te - guet te - quit te - gueu le

I.

La ré col te du col za se ra a bon-
dan te. L'ac ti vi té de l'é bé nis te
fe ra sa for tu ne. La fac tu re de ton
ar me a é té ad mi ré e. La fi gu re
oc to go na le de la tour é ton ne tout
le mon de. La ver tu mo des te se ra
ré com pen sée par l'es ti me de tous
les hom mes sen sés.

III.

(A partir de cet exercice, on habituera les enfants à

La for me de cet au tel est an ti que
et for*t* bel *le*. La pa rois se a don né
à son pas teur un os ten soir en or
pur gar ni de pier re ri es d'u ne
hau te va leur. Le mé tal, qui a u ne
den si té su pé ri eu re à tous les
mé tau*x*, n'est-il pas le fer ? Il au ra
un jus te mo tif de par tir quan*d*
tou te son af *f*ai re se ra ter mi née.
Il est sor ti. Que di ra ton pè re.
Por te lui le râ le qu'il a tu é.

II.

La vé ri té a é té cap ti ve. On vous ex hor te à mé di ter les ma xi mes de la ver tu. Le dog me de l'im mor ta li té de l'â me con so le le mal heur. Quoi qu'il ar ri ve que Dieu en soit lou é. Je con ser ve rai en ma mé moi re la mo ra le du fa bu lis te.

IV.

ne pas prononcer les lettres en caractère italique.)

L'ex ac ti tu de est la po li tes se des rois. Le sel est dis sous na tu rel *le-ment* dans l'eau de la mer. Le lé-zar*d* est, dit-on, l'a mi de l'hom*m*e. Bâ ti se*z* sur le roc, si vous vou le*z* que le bâ ti men*t* soi*t* so li de *et* du re long temp*s*. Re gar de*z* les ca nar*ds* qui von*t* d'un vol ra pi de dé pas se*r* les nu es. La za re a é té res sus ci té par la bon té de Jé sus, Sau veur *et* Ré dem*p* teur.

CINQUIÈME LEÇON

a e i o u — b p v f — g c k q j
A E I O U — B P V F — G C K Q J

d t z s — l m n r — h — x — y
D T S Z — L M N R — H — X — Y

Articulation des labiales avec R.

Lisez :
1° verticalement.
2° horizontalement.

b ra	p ré	v ro	f ri	b ru
br a	pr é	vr o	fr i	br u
bra	pré	vro	fri	bru

Articulation des gutturales avec R et L.

g re	c ra	g li	c lo
gr e	cr a	gl i	cl o
gre	cra	gli	clo

Art. des labiales avec L. Art. des dentales avec R.

bl e	pl a	fl o
b le	p la	f lo
ble	pla	flo

d ro	t ri	t re
dr o	tr i	tre
dro	tri	tre

Articulation des sifflantes avec les fortes.

s pa	s co	s ti	p sa
sp a	sc o	st i	ps i
spa	sco	sti	pso

Consonnes adoucies et équivalentes.

Lisez : s pour c   j pour g   s pour ç   z pour s

ce ci	ge gi	ço çu ça	isi iso
se si	je ji	so su sa	izi izo

ce ci ge gi çu ço çu

j pour g.   ss pour t.

géo	gea	geo	action	patient
jéo	ja	jo	acssion	passient

atie optio — géo geo gea.

APPLICATION.

I.

Le glo be, la grê le, spé cu la tif, la spi ri tu a li té, la flo re, s'abs te nir, la so bri é té, le flu i de, abs trac tif, le glo bu le, le mu fle, le liè vre, la glè be, re flu é, la sta tu re, obs-tru é, la dé cré pi tu de, é clo re, la plu ra li té, fu nè bre, gla pir.

III.

U ne pro me na de a gré a ble, la fe nê tre o va le, le pu blic pré ve-nu, la frac tu re de l'os, l'ê tre stu-pi de, la clar té du sty le, le ca dre de frê ne, l'é pî tre de l'a pô tre, le sol sté ri le, le di a cre de la mé-tro po le, le dî né fru gal, le suc nu tri tif, le glo be de mar bre, le sa ble stra ti fié, tri an gle, sca lè ne, la pu re té du cris tal, le prô ne du prê tre, la gra vi té clé ri ca le, la flû te du pâ tre, la rè gle de l'é-lè ve, la plu me de la gri ve, l'a-gra fe de la cra va te, u ne pru ne.

APPLICATION.

II.

La dé vo ti*on, le ra soir, la frac tion, la cas ca de, la ro se, ex emp ti on, la ra tion, l'o rai son, la pro po si tion, la ci vi li sa ti on, les frac ti ons, la vi si on de l'a po ca lyp se, la pru den ce de la four mi, le bai ser pa ter nel, ex al ta ti on de l'hé ro ïs me, pa ti en ce et cou ra ge.

IV.

Le pré a é té plâ tré. Vo tre frè re blâ me vo tre mal pro pre té. Le mi ra cle vé ri ta ble se ra pro cla mé. É vi te le scru pu le. Ré pè te ta pe ti te pri è re. Je dé plo re sa bru ta li té. Ce mor ceau de Ci cé ron n'est pas as se*z* bien su. Le geô lie*r* de la pri son nous a mal re çu*s*. Ah! ça, géo lo gue, a*p* pre ne*z* la géo gra phie, par ce que vos le çon*s* fe ron*t* mieu*x* co*n* naî tre à vos au di teu*r*s les gi se men*ts* des mi né rau*x*.

(*) On doit exercer à dire également *ion* et *i on*.

SIXIÈME LEÇON.

ca ce ci cu co — ga ge gi gu go — ça ço çu — ac tion géa gea geo

que qui quo quoi quu qua gue gui goî — cue (keu).

an amp emd enf cin ind omb umb ou ain oin un en ien

Fonctions de H.

H initiale.

H douce (muette).

l'ha l'hé l'hi l'ho l'hu

H forte (aspirée).

le ha le hé le hi le ho le hu

H après la labiale P *(équivalent à F).*

pha phe phi pho phu ph ro ph ra ph ri ph ré phy

H après la gutturale C.

H douce* et comme mouillée.

cha ché chi cho chu

H forte* et légèrement aspirée.

cha cho chy ch lo ch ry

H après la dentale T *(légère aspiration).*

tha thé thi tho thu th ré th ro thla thy thyr

* Comme dans *chat, chien.*   * Comme dans *chaos, chorus.*

I.

Le chef, qua tre, le Christ, le chlore, in ep te, de çà, le gi vre, le phare, l'es cor te, la co li que, le tex te, le rhyth me, le pré tex te, la fi gue, l'ar gi le, la chlo ri te, l'es ca la de, la nef, le chlo ru re, Mi nor que, le jaugea ge, le jar di na ge, Ber the.

III.

Le pro phè te Da ni el, u ne fi gu re rec ti li gne, la pra ti que de la vertu, l'é chec du gé né ral, le pé ché o ri gi nel, la fa ça de de l'é co le, le por ti que de la ca thé dra le, la berge du Rhô ne, le pré cep te for mel, le tex te sa cré, le bec de la li notte, le ca nard na ge, le gé o gra phe ha bi le, le na tu rel du rep ti le, l'her be sè che, la crè che de la vache, la re cher che du gé o lo gue, l'ad jec tif dé ter mi na tif, la lec tu re fa ci le, la gra vi té du pé ché mor tel, Gus ta ve ob ser ve la ci vi li té.

II.

L'hep ta g one, la chro ni que, pres cri-re, le rhu ma tis me, la ci ca tri ce, la rec ti tu de, le spi ri tu el, le phos-pho re, l'or tho gra phe, le chris ti a-nis me, le re li ef, le ré cep ta cle, le Bos pho re, la dex té ri té, le fi ef, Ger tru de, l'ex er ci ce, u ne gla ci è re.

IV.

Le cè dre a é té dé ra ci né. Le vo leur fi ni ra mal. É vi te la ma li ce. Res-pec te ta mè re. Cha que â ge a sa tâ che. Le mer le a ni ché sur le hê tre. A bel pra ti qua la ver tu. Jé-rô me pro té ge ra Thé o phi le. Le vi ce dé gra de. La ver tu ho no re. Ul ric a ré ci té le fu tur du ver be per dre. L'é lè ve sa ge mé ri te le ciel par sa do ci li té. Chris to phe par ta-gea ma char ge. Thyr sis fut chan té. É vi te la du pli ci té. Pra ti que la pi é té. Mor tel, res pec te l'É ter nel!

2*

SEPTIÈME LEÇON.

L et G non mouillés (valeur absolue).

L. Vil fil il ci vil vil le tranquil le   mil le   an guil le   pu pil le
G. G nô me di ag nos tic stag na tion   im prég na tion   in ex pug na ble

(y pour deux i) moy en — pays — fuy ez   cray on — (ï avec tréma) païen — faïence.
                moï en — païs — fuïi ez   craïi on

L et G mouillés (fondus avec i) sonnant   *presque comme 2 i ou l'i trémaïsé.*

(Faire redire *faïence* et prononcer ensuite dé fa il *l* ance, en séparant l'*a* de   l'*i*, n'appuyant qu'à peine sur le premier *l* et ne prononçant pas le second.

1° Dé fail lan ce   ba il *l*e   ba ta il *l*e   veil *l*e   vi eil *l*e   treil *l*e   cueil *l*e   feu il *l*e
2° Dé ra il *l*ée   sou il *l*ée   bou il *l*ie   sa il *l*ie   mou il *l*ée   con seil *l*ée
3° Ba il*   ra il   bé ta il   por ta il   so leil   pa reil   or gueil   ac cue il   deu il
4° Fil *l*e   fa mil *l*e   fau cil *l*e   vr il *l*e   pil *l*e   é tril *l*e   pé til *l*e
L. 5° Cil   ba r il   pé r il   m il   nombril   avril   babil   persil
6° Br il *l*ant   s il *l*on   bou il *l*on   o re il *l*on   mé da il *l*on   b il *l*ard
G.   Dai gna   i gno ré   di gni té   in di gne   pi gnon   i gno ble   oi gnon

(*) Prononcez ail comme dans dé rail lée, et plus bas *il* de cil comme dans *fil* le.

(*)*Hybrides* (mots empruntés aux langues étrangères, mortes ou vivantes.)

	cham	chiromancie	chersonèse	christ	chlore	chronique	chrysalide	phrase	phlegme	phœnix
Lisez.	kamm	kiromancie	kersonèse	krist	klore	kronique	krisalide	frase	flegme	fénix
	whist		toast	quarter	quidam	quadragésime		guadeloupe		
Lisez.	ouist		tost	qouarter	quidam	quouadragésime		gouadeloupe		

(*) Cet exercice, ainsi que la leçon suivante, sont, en grande partie, de répétitions de mots difficiles.

I.

La feuil *l*e, l'ac cueil, cueil *l*ir, la cor beil *l*e, le bouil *l*i, la mé san ge, le guil *l*e met, le re cueil, un cail-*l*ou, le cra y on, la rail le rie, la ra y u re, Guil *l*au me, le ci to y en, l'in ten tion, la fail *l*i te, le cer feuil, Cor neil *l*e, l'or gueil *l*eux, la rouil *l*e.

III.

La feuil le du til leul, le ca mail du cha noi ne, le por tail de la ca thé- dra le, le tra vail de l'a beil le, la rouil le du fer, le pa vil lon de l'o- reil le, le gou ver nail du vais seau, l'a*t* ten tion de l'en fan*t*, le seuil de la por te, les con seil*s* de la sa ges- se, le bril lant é mail de la fleur, le cer cueil de sa vi eil le tan te, un œil-de-bœuf, le fau teuil du vi eil lar*d*, u ne fa mil le en deuil, le feuil la ge de la char mil le, le sou pi rail de la ca ve, de la ge lée de gro seil le, le no y au de la ce ri se, le sym bo le.

II.

Fuyez les pratiques de la chiromancie. Ce sont des moyens fallacieux. Voyez la belle anguille qu'on a pêchée dans cette eau tranquille. Vous habitez un pays où la stagnation des eaux engendre des fièvres chroniques. Dégagez du chlore, pour combattre le méphitisme. Serrez vos cahiers.

IV.

La grenouille sautille. Jamais pareille bataille. La rosée du matin amollit le raisin. Les désirs sont insatiables. Le chevreuil habite le feuillage é pais des jeunes taillis. Après son réveil et avant son sommeil, le chrétien fait le signe de la croix et offre son cœur à Dieu. Aimez et respectez le nom de Jésus. Aimez l'instruction religieuse. Évitez la médisance. Dieu déteste l'orgueil. Le lait est caillé.

HUITIÈME LEÇON.

1° Anomalies. — 2° Voyelles contractes. — 3° Consonnes successives semblables.

	g pour c	c pour g.	z pour s	z pour x
1° Lire	second segond	rang élevé ranc élevé	plaisir plaizir	deuxième deuzième

	an pour ent			ain
Lire	prudent prudan	couvent couvan	sagement sageman	il tient il tiain

	anp et anb pour emp et emb		aiub et ainp p.	imp et inb.
Lire	empereur anpereur	embellir anbellir	imbiber ainbiber	imprimer ainprimer

	a pour ao		o pour ao	a pour ac
2° Lire	faon fan	paon pan	saone sóne	caen can

	Consonnes semblables : b c d f p n t —			
3° Lire	abbé abé	accord acord	addition adition	affaire afaire

	Consonnes semblables : m n r l s. —			
	ammoniaque	emmanuel	immobile	immense

	Consonnes semblables. — Les secondes changent de valeur.			
Lire	accent acsent	succion sucsion	suggérer sugjérer	occiput oksiput

ss pour x.	u pour eu		e quiescent
auxone aussone	j'ai eu j'ai u	nous eûmes nous ûmes	joie — laie joi — lai

pour ent		ent quiescent.	
il se souvient il se souviain	ils mangent ils mange	elles couvent elles couve	ils avaient ils avai

	an pour en et em		
enfant anfant	emmener anmener	enorgueillir anorgueillir	enivrer anivrer

é pour œ		e (muet) pour œ	
œsophage ésophage	œillet euillet	œuvre euvre	cœur cueur

La première ne se prononce pas.			
approche aproche	année anée	ennemi enemi	attention atention

La première se prononce.			
innée	allure	terre	assurance

Consonnes semblables. Les premières changent de valeur.			
emmancher anmancher	emménager anménager	ennui annui	chenille (Voir l mouillée)

Aux environs de *C*a*en*, il est un cou*vent*, où l'on ti*ent* des pa*ons* en basse-cour. Les femelles cou*vent* assidûment et pendant ce temps man*gent* peu. Les *œu*fs éclosen*t* au s*e*cond mois. Le cheval qui s'*en*nuie frap*pe* du pied la *terre*. C'est une al*l*ure *in*née chez cet animal *en*nemi de l'i-naction. Ils ont tort de s'*en*orgueillir: ils s'*en*ivrent plusieurs fois l'*année*. Les *œi*llets fleuris*sen*t spontanément sur les bords de la S*aô*ne. Les bon*n*es *œu*vres consol*ent* le c*œu*r. L'accent pénétrant de cet *abbé* persuade toutes les pratiques de piété qu'il s*uggè*re: on les écoute avec p*l*aisi*r* et at*t*ention, on les adopte avec *joie*.

Autres anomalies.

Une douairière, veuve d'un grand
<small>douarière</small> <small>grant</small>
homme, se plaignait de ce qu'on lui
<small>home</small>
faisait un procès pour un certain legs.
<small>fesait</small> <small>lès</small>
—La gangrène avait envahi tou*t* le
<small>cangrène</small>

moignon du membre amputé, et le
_{mognon}
malade sentait son estomac défaillir.
_{santé}   _{estoma}
— Entre un quêteur et un questeur
_{kêteur}   _{cuësteur}
la différence est que l'un demande
ce que l'autre exige.—Personne n'est
_{et}
exempt. — Les oiseaux aquatiques
_{ekzan}   _{acouatique}
sont rares sous l'équateur. — En
_{écouateur.}
automne, les bœufs ne sont pas gras,
_{autone}   _{beu}
les œufs sont exquis, les oignons
_{eu}   _{eski}   _{ognon}
mûrs. L'abeille n'a jamais besoin
d'aiguiser son poignard qui est son
_{aiguïsé}   _{pognar}
aiguillon. Êtes-vous au fait de
_{aiguïllon}   _{vou-z-}
l'arrangement des signets dans un
_{sinè}
missel. Le rédempteur a institué
_{rédanteur}
le baptême pour racheter les hommes
_{batème}   _{lez}
de la damnation. Le cerf volant a
_{danation.}   _{cer}
précédé les aéronautes dans les régions de l'éthérée.

NEUVIÈME LEÇON.

Conseils de la sagesse.

I.

Mon fils, dès votre premier âge, aimez à être instruit, et vous acquerrez une sagesse qui vous durera jusqu'à la vieillesse. Le cœur du sage cherche l'instruction, et la bouche de l'insensé se repaît d'ignorance. — Aimez Dieu toute votre vie et invoquez-le pour votre salut. Que rien ne vous empêche de prier toujours, et ne cessez point de vous avancer dans la justice jusqu'à la mort, parce que la récompense de Dieu demeure éternellement. — Honorez votre père de tout votre cœur, et n'oubliez point les douleurs de votre mère. L'enfant qui est sage fait la joie de son père ; le fils insensé est la tristesse de sa mère. — Ne méprisez point un homme dans sa vieillesse, car ceux qui vieillissent étaient comme nous. — N'enviez point la gloire ni la richesse du pécheur, car vous ne savez pas quelle sera sa ruine. — Examinez ceux qui vous approchent, et prenez conseil de ceux qui sont sages et prudents.

II.

Les lèvres menteuses sont en abomination au Seigneur, mais ceux qui agissent sincèrement lui sont agréables. Le mensonge est dans un homme une tache honteuse : ce vice se trouve sans cesse dans la bouche des gens déréglés. Un voleur vaut mieux qu'un homme qui ment sans honte et qui calomnie son prochain : la perdition sera le partage de l'un et de l'autre. La vie des menteurs est une vie sans honneur, et leur confusion les accompagnera toujours ; le sage, au contraire, s'attire l'estime par ses paroles.

Mon fils, n'oubliez point ma loi, et que votre cœur garde mes préceptes ; car vous y trouverez la longueur des jours, la multiplication des années de votre vie et la paix qui vous comblera de bonheur. Ayez confiance en Dieu de tout votre cœur, et ne vous appuyez point sur votre prudence. — Mon fils, avez-vous péché ? ne péchez plus, mais priez sur vos fautes passées, afin qu'elles vous soient pardonnées. Fuyez le péché comme un serpent.

PRIÈRES

A APPRENDRE AUX ENFANTS. [1]

I.

Au nom du Père,— et du Fils,— et du Saint-Esprit. — Ainsi-soit-il.

II.

Venez, Esprit-Saint, — remplissez les cœurs de vos fidèles serviteurs, — et allumez en eux le feu de votre divin amour.

V. Envoyez votre Esprit,— et ils seront créés de nouveau.

R. Et vous renouvellerez la face de la terre.

O Dieu qui avez instruit les cœurs des fidèles par la lumière du Saint-Esprit, — donnez-nous cet esprit qui nous fasse goûter et aimer le bien, — et qui répande toujours en nous la consolation que lui seul peut donner, — par Jésus-Christ, Notre Seigneur. — Ainsi-soit-il.

III.

Acte de Foi. — Mon Dieu, je crois fermement toutes les vérités qui nous sont proposées par l'Eglise, — parce que c'est vous qui les lui avez révélées.

Acte d'Espérance.— Mon Dieu, j'espère de votre bonté la vie éternelle, et les moyens d'y arriver,

---

[1] Les tirets indiquent les pauses à faire en priant.

—parce que vous me l'avez promis,—et que vous êtes souverainement bon et infiniment puissant.

Acte de Charité.— Mon Dieu, je vous aime de tout mon cœur,— parce que vous êtes infiniment bon et infiniment aimable,— et j'aime mon prochain comme moi-même pour l'amour de vous.

Acte de Contrition. —Mon Dieu, je me repens de tout mon cœur— des péchés que j'ai commis contre votre adorable Majesté ; — je les déteste tous,— parce que vous êtes infiniment bon et que le péché vous déplaît ; — je vous en demande très-humblement pardon ; — et je me propose de ne plus vous offenser — moyennant votre sainte grâce, — et de satisfaire à votre justice.

IV.

Notre Père, qui êtes aux cieux, — que votre nom soit sanctifié ; — que votre règne arrive ; — que votre volonté soit faite sur la terre comme au ciel ; — donnez-nous aujourd'hui notre pain de chaque jour, — pardonnez-nous nos offenses, — comme nous pardonnons à ceux qui nous ont offensés ; —ne nous laissez pas succomber à la tentation, — mais délivrez-nous du mal. Ainsi-soit-il.

V.

Je vous salue Marie, pleine de grâces ; — le Seigneur est avec vous ; — vous êtes bénie entre toutes les femmes,—et Jésus le fruit de vos entrailles, est béni.

Sainte Marie, Mère de Dieu, — priez pour nous, pauvres pécheurs, — maintenant et à l'heure de notre mort. — Ainsi soit-il.

VI.

Je crois en Dieu le Père tout puissant, — Créateur du ciel et de la terre; — et en Jésus-Christ, son fils unique, Notre Seigneur; — qui a été conçu du Saint-Esprit; — qui est né de la Vierge Marie; — qui a souffert sous Ponce-Pilate, — a été crucifié, est mort et a été enseveli; — qui est descendu aux enfers, et le troisième jour est ressuscité des morts; — qui est monté aux cieux, — et est assis à la droite de Dieu le père tout puissant, — d'où il viendra juger les vivants et les morts.

Je crois au Saint-Esprit, — la Sainte Eglise Catholique, — la Communion des saints, — la rémission des péchés, — la résurrection de la chair, — la vie éternelle. Ainsi soit-il.

VII.

Je confesse à Dieu tout-puissant, — à la bienheureuse Marie toujours Vierge, — à saint Michel archange, — à saint Jean-Baptiste, — aux apôtres saint Pierre et saint Paul, — et à tous les saints (et à vous, mon Père, *quand on se confesse*), que j'ai beaucoup péché — en pensées, en paroles et en actions, — par ma faute, — par ma faute, — par ma très-grande faute. — C'est pourquoi je prie la bienheureuse Marie, toujours vierge, —

saint Michel, archange, — saint Jean-Baptiste, — les apôtres saint Pierre et saint Paul, et tous les saints (et vous, mon Père), de prier pour moi le Seigneur notre Dieu.

VIII.

Nous nous réfugions vers vous, sainte Mère de Dieu, — daignez ne pas rejeter les suppliantes prières — que nous vous adressons dans tous nos besoins, — mais délivrez-nous toujours de tout péril, — ô Vierge glorieuse et pleine de grâces. Ainsi soit-il.

IX.

L'ange du Seigneur fut envoyé vers Marie, — et elle conçut du Saint-Esprit.

Je vous salue Marie, etc.

Voici la Servante du Seigneur ; — qu'il me soit fait selon votre parole.

Je vous salue Marie, etc.

Et le Verbe s'est fait chair, — et il a habité parmi nous.

Je vous salue Marie, etc.

Priez pour nous Sainte Mère de Dieu, — afin que nous soyons rendus dignes des promesses de N. S. J.-C.

Prions. Répandez, Seigneur, votre grâce dans nos cœurs, — afin qu'ayant connu, par la parole de l'ange, — le mystère de l'incarnation de Jésus-Christ, votre fils, — nous arrivions par les mérites de sa passion et de sa croix, à la gloire de la résurrection. — Ainsi-soit-il.

X.

Daignez-vous souvenir, ô très-pieuse Vierge Marie, — que l'on n'a jamais entendu dire — que vous ayez abandonné celui qui se met sous votre protection, — qui implore votre secours et réclame votre assistance. — Rempli de cette confiance, — j'ai recours à vous, Vierge Sainte, Mère des Vierges, — tout pécheur que je suis, je viens à vous ; — je suis devant vous, gémissant ; — Mère du Verbe, ne dédaignez point mes prières ; — mais soyez-moi propice et exaucez-moi. — Ainsi-soit-il.

POUR SALUER LE SAINT-SACREMENT.

Loué, aimé, adoré soit à jamais Notre Seigneur Jésus-Christ, au Très-Saint Sacrement de l'autel, en toutes circonstances de la vie.

Soit faite, louée et éternellement exaltée, la très-juste, très-sainte et très-aimable volonté de Dieu, en toutes choses.

FIN.

Lons-le-Saun., imp. de GAUTHIER FRÈRES.

Ouvrages classiques de la Société de Marie.

QUI SE TROUVENT CHEZ LES MÊMES ÉDITEURS.

Méthode de lecture en dix leçons, in-12, broché.
Collection de tableaux correspondant à la Méthode
Premières lectures graduées, par M. Gaussens, in-12, cart.
Deuxièmes lectures, idem.
Manuel abrégé de l'Histoire Sainte.
Manuel d'Histoire Sainte.
Histoire des peuples anciens, in-18 cart.
Manuel de Géographie.
Manuel abrégé de Géographie.
Précis de l'Histoire de France, partagée en seize périodes.
Petit Manuel de Grammaire, in-12, cartonné.
Exercices adaptés à cette Grammaire, id.
Grammaire complète, id.
Exercices correspondant à cette Grammaire, id.
Arithmétique des commençants, in-18, cartonné.
Petit manuel d'arithmétique, in-12, cartonné, accompagné d'un grand nombre de problèmes.
Arithmétique complète, in-12, cart.
Solutions des problèmes des deux Manuels d'arithmétique.
Manuel de géographie, in-18, cart.
Cours gradué de dictées.
Premier cahier d'architecture.
Deuxième, idem.
Troisième, idem, avec dix planches de lavis.
Sept cahiers d'écriture de M. Coustou, renfermant chacun un genre d'écriture différent.

Lons-le-S., imp. de Gauthier frères.

www.ingramcontent.com/pod-product-compliance
Lightning Source LLC
Chambersburg PA
CBHW061009050426
42453CB00009B/1344